월하관매(月下觀梅)

월하관매(月下觀梅)

초판인쇄 2017년 7월 5일
초판발행 2017년 7월 10일

지은이 허 기 원
펴낸이 엄 원 지 (엄 대 진)
펴낸곳 한국신춘문예협회
인쇄처 스포츠닷컴(주)

등록번호 제301-2012-158호
등 록 일 2012년 7월 24일
ISBN 978-89-98104-11-5
책 값 10,000원

주소 서울특별시 영등포구 국회대로 70길 15-1(여의도동 극동VIP빌딩 905호)
대표전화 070-4036-5445
F A X 070-8241-5472

본 도서의 판매수익금의 일부는 본 협회에서 추진하는
각종 문화예술사업의 진흥기금으로 쓰여집니다.

월하관매(月下觀梅)

작가의 말

"지싱이면 감천이다"

옛 선조의 말씀을 되새겨 봅니다. 한결같이 한국신춘문예협회의 자긍심을 위한 배려라고 치부하겠습니다.

엄원지 회장님의 확고부동한 시조의 옛 나래를 살리고자 하심 속에서 염원 끝에 소생의 미천한 글을 어여삐 보시고 이렇게 시집을 내게 되었습니다.

수없이 많은 글이라도 격에 맞는 글이 되어야 하겠기에 독자가 읽고 마음에 위안을 갖고 즐거운 생업이 지속된다면 더 이상의 바라는 바는 없겠습니다.

무엇보다도 읽는 독자의 마음 속에 기쁨을 줄 수 있는 시와 시조를 드리고 싶은 마음이 간절합니다.

엄원지 회장님, 수필가 신화희 선생님, 사무국장 전진표 시인님, 언제나 사랑합니다. 아름다운 한국신춘문예협회, 대한민국의 으뜸 문단 안에 제가 있다는 것을 자랑스럽게 생각합니다.

더욱더 열심히 해서 환희의 기쁨이 잉태되어 아름다운 한국신춘문예협회의 예쁜 사랑을 낳겠습니다.

좋은 글로 보답드리겠습니다. 감사드립니다.

첫 작품집을 내면서

허 기 원 올립니다

목 차

봄

허

기

원

시

자명고

모란꽃
물을 줄까

자명고를 지킬까

사랑이냐
충성이냐

호동의 슬픈 눈

울리는
북소리 따라

공주모란 꽃 가네

자각

지금 절대의 순간을
어제와 내일의 신앙에
재물로 시들게
하지는 말아 주십시오

기도 속에 묻어나는 당신의 욕망이
뭇 사람 들로 하여금 아연실색 할까
걱정이 앞섭니다
산다는 것은 흐르면서 사라지는 것
보이지 않게 조금씩 흔들리면서
성숙하는 아픔입니다

경력 이라는 것은 단거리
전력 질주가 아닙니다
장거리 마라톤처럼 서서히 끝까지
완주하는데 있습니다

부끄러움을 느끼거나 부당한 대우를
받거나 좋지 않은 일을 한 번도 겪지 않고

성공했다면 그것은 분명 모래위에
지어논 집일 테니까요

꽃은 바람 속에 흔들리면서 펴야
아름다운 꽃이 핀다 했습니다

초생달 머슴

어스름 달밤
하얀 박꽃을 닮은
그대 마음은
하얀색이예요

소쩍새 슬피 우는 밤
엄마가 곱게 접어
장롱 속에 넣어준
배냇 저고리도
하얀색이였어요

그대 가슴에 숨겨져 있는
색깔도 하얀색이어늘...
나는 왜 내 가슴 속에
숨겨져 있는 색깔이
빨강색일까~?!

세월 속에 그리움에 젖은
내 마음은 초생달을 닮아
진정 하얀색이래요

추모곡

꽃은 물을 떠나지 못함이라
물이 꽃을 안보내 준거란다

새가 나무를 떠나지 못 하듯이
못 보내 준 걸거야

울어도 엄마―
울어도 엄마―

찢어지는 가슴 슬픔
머리카락 낱개 마다 하얗게 수 놓은 밤

따오기 우는소리 달빛 물빛
처량함을 담았느니

따오기 우는 소리 달빛 불빛
처량함을 담았느니

우리엄마 가신 나라
은하수 나라

눈물은 인간을 떠날 수가 없었노라

망향

구름도 쉬어가는
새물재 고개마루

청포도 따다주던
내 사랑 옆집 순이

보고파 못잊어서
내 고향 찾았건만

산딸기만 반겨주네
뻐꾸기만 슬피우네

회상

코스모스 꽃 위에
빨간 고추잠자리

하늘엔
새털구름 가만히 섰고
주번 마친 여동생
감자 캐러
텃밭에 갔네

쓰름~ 매미는 새참을 알리는데
장에 가신 엄마는
오실 줄을 모르고

작년 이맘 때 쯤 인가
코스모스 꽃 필 때
내 친구 전학 갔지
뻐꾸기 소리 이세 목이 쉬었구나
대청마루에 누어서
코스모스 꽃을 본다

저~ 하늘을 본다
내~ 친구를 본다
내~ 눈물을 본다
팔월 중순에 세상을 본다

하늘가을

하나 핀 연꽃은
가는 여름을 아쉬워하고
꽃 아래 청개구리
따가운 햇볕을 비켜 쉬네

봄은 땅에서 오고
가을은 하늘에서
내려온다고 했던가

그렇게 내려온
높고 맑은 가을 하늘
이제 갈대의 노래가 연주된다

한 뼘 밖에 안 되는 연못 거울 속에
풍덩 빠지고픈 내 마음
깊고 파아란 하늘 가을

꽃밭에서

싸리문 안마당 양쪽으로
꽃밭에 사과나무 한 그루가 있다
도라지 꽃 수국 채송화 빨간 백일홍
코스모스 해바라기 진붉은 아주까리 꽃

우리집 꽃밭에는 이름모를
꽃들도 많았다
그 중에 사과나무 꽃이 제일 예쁘다
울타리를 타고 아카시아
나무에 오른
연보라색 칡꽃도 만만치가 않다

나는 우리 집 왕자님이다
아들 하나니 누나와 여동생은
밤 낮 뒷전신세
오전 참 땐 누나
점심 땐 나
제누리 땐 내 동생

꽃밭에 물주는 당번이다
옆집에 순이는 나랑 동갑이다
초등학교 동창이기도 하지만
은근히 좋아하는 사이다
아카시아 꽃 내가 따 주며 같이 먹었지

과꽃 닮은 누나는 그 가을에 시집갔다
과꽃 보러 내년에 온다면서
코스모스 꽃은 나를 보고 웃는데
내 마음이 왜 이렇게 허전하지
내 동생도 순이와 봉제공장 취직한다고
서울로 가고

꽃밭에 앉아서 채송화를 봐도
일어서서 칡꽃을 따 봐도
왜 이렇게 눈물만 나오지
순이야 우리 누나 그리고 내 농생

과꽃 속에서 안 떠났는데
하루종일 살았었는데
지금 이슬비가 오고 있는데
나는 꽃밭에서 서서 울고 있는데

두물머리

(이산가족의 눈물)

남북한강 정다웁게 상봉한곳 두물머리
연꽃축제 인산인해 나그네늘 발길삽네

흘러가는 저구름아 너가는곳 어드메뇨
은빛물결 미파속에 한이서린 이산가족

개마고원 넘어갈제 우리부모 보거들랑
살아생전 불효자식 남쪽있다 전해주련

불초소생 못난자식 하늘천하 야속트라
한잔술에 웃고있네 고향등진 나그네여

사랑 6

그대 노래
아름다운 당신의
흐느낌 소리가 들려옵니다
어스름 달빛의 애닯픈
귀뚜라미 울음 소리는
당신의 어여쁜 노래였습니다

꽃 향기에 취한
그런 미련도 아닙니다
아직은 여물지 않은
곡조 이지만
당신이 원한다면
나의 노래를 부르겠어요

그대 노래는
가을 달밤에
별들의 빛을 흐렸습니다
당신의
진혼의 그 목소리는

달빛도 안개 속에 숨었습니다

눈을 감고 들어도
아름다운
그 노래 소리는
그대의
예쁜
내 가슴 속에
진심이였습니다

석류꽃

바람이 분다
꽃향기가 난다
내 가슴에 스친다

꽃들이 웃는다
보고 싶은 사람
나 혼자 웃는다

보고싶어요 나 아름다운 그님
석류 꽃
하늘엔
별이 가득
달님을 바라보고

난 당신
석류를 닮은 당신
내 마음 속에 님

너를 그리며
너를 사랑해
너를 부른다

가을 꽃
향기 속에
흐느끼며 내가 운다

사랑 5

호수에 련꽃 윤슬 달빛 과 속삭이네
두둥실 일엽편주 술잔 에 홍주 눈빛
쉬어라 가는 세월아 내 사랑이 머물게

내 사랑 당신

꽃밭 속에서
당신이 웃는다
나
다소곳하게 여기 있어요

예쁘지도 않아요
아름다운 장미꽃도
아니예요
가시돋은 들풀 엉겅퀴

내 마음은
당신을 향한 마음은
변함이 없어요
당신은 내 전부이니까

운무 속으로
이슬비가 오네요
외로운 그대를
아름다운 당신을

못잊어 웁니다
짙은 보랏빛 순정을
모두 드릴께요
난
당신을 영원히 사랑하니까요

순리

아직도 그곳에는
예쁜 꽃이 피어 있겠지
갈 수 없는 그곳

창가에 별빛은
내 가슴에 쌓이고
보고싶은 마음은 달빛 속에 흐르네

상처낸 그 말 한마디
뉘우침에 괴로웁고
내 얼굴에 떨어지는 눈송이만 슬프구나

왜?
왜!
왜?!

나는 왜 그 말에서 끝없이 맴도는가
때가 되면 모든 것이
자연 속에 가는 것을

내 스스로 인정하고
세월따라 가는 곳에
웃으면서 흘러가리라

봄 편지

까치가 까~ 악 깍 깍
아침인사하네요
까치가 울면 오늘은 귀한손님 오신대요
하늘은 눈님이 오시려는지
온통 잿빛이네
가끔 구름 사이로 빼꼼히 얼굴을 내민 햇님이
양지쪽 냉이님한테 안부인사를 합니다
냉이님 안녕~ !
요사이 너무 춥지요 조금만 참으면 봄님이 오실거예요
입춘이 몇일 안남았어요
냉이님이 예 알았어요 그런데 너무 추어요
햇님보러 잠깐 나왔어요 내 친구들 이랑 햇님보니까 너무 좋아요
우리랑 같이 놀아요 가지마세요
그러구 싶은데 구름님이 자꾸 나를 가려요
구름님도 엄청 바쁘신가봐요
잿빛 구름님이 햇님보고
햇님 ~! 안녕 냉이님~! 안녕 _ 인사를 하며 빼꼼히
고개를 내민 햇님을 가리면서 말했어요

나도 너희들과 같이 놀고 싶단다 북쪽에서 불어오는 찬 바람이 자꾸 나를 떠민단다
너희들과 놀고싶지만 마음뿐 눈물만 흘린단다
이해 해 주렴
햇님과 냉이님들은 구름님이 가여웠어요

시린 겨울 사이로 노오란 봄이 시작되는가봐요
안녕~! 봄아~! — 어서와
노오란 꿈 속에서 잠이덜깬 몽울진 아기 개나리 아가씨가 너무 오랫동안 못봐서 많이 보고 싶었나봐요
봄 꽃향기 가 꽃바람타고 올라온다는 기별편지를 목련꽃님이 개나리 아가씨께 주었으니까요

따듯한 햇님 새하얀 뭉개구름 달래 냉이 꽃다지
씀바귀 고들빼 진달래 개나리
논두렁에 아지랑이 아롱 아롱 피어오르는
봄 꽃향기가 온 누리에 멀리 멀리 퍼지겠지요
두근 두근 설레이는 이 마음은
보고싶은 노오란 봄처녀 때문일까요?

봄 꽃처럼 어여쁜 귀엽고 수줍은 봄처녀 마음 속에
숨어있는 아름다운 사랑~!일꺼야 —

남쪽하늘 저 너머에서 꽃향기 가지고 봄 아가씨
오신다고
졸 졸 졸 흐르는 양지쪽 산골짜기 가재들이 꿈꾸는
도랑에 버들강아지 고운털옷 갈아입고
봄편지 기별을 읽었어요
따듯한 양지쪽 바위 밑에 잠에서 깬 개구리가 기지개를 켜며
말했어요
우수경칩이 코앞인데 우리도 이제 그만 잠자고
종달이 만날 준비를 해야지요
기쁜 봄 ~! 소식이 왔어요 좋아요 —
식구들이 모두 다 박수치며 웃고 있었습니다
봄이 곧 오겠습니다

삶의 찬가

해가진 뒤 밝음 을 알았는가
꽃이진 뒤 예쁨 을 알았어요

낙엽이 진 뒤에야 외로움을 알았어요
내님이 떠난 후에 그리움을 알았어요

어버이 가신 뒤에 눈물 을 알았느뇨
불효백수 삶에 겨워 하늘보고 통곡하네

덧없는 인생살이 누구를 원망하랴
한없이 흘러가네 강물처럼 흘러가네

슬픈 매화

눈물가득
매화는 말하지 않았다
나 여기 있어요

눈 속에 봄비 오는데
차거운 설한
힘든 역경 다 내어 주건만

매꽃의 슬픈 사연
봄비가 안개꽃 피우며
내리는 까닭이 있었다

사랑한다고 말 한마디 못한 채
보내야 했고
떠나야만 하는 홍매화

내 사랑
겨울이 가면
이 몸 또한 울며가겠지

밤비 오는데
하얀눈은 녹는데
홍매화는 슬퍼라

안개비야 더 쏟아져라
밤나무 젖은 잎 떨어지는가
봄비가 애처러워 홍매화를 쓸어 안는다

장독대

천년을 이어 온

생 의 굴레에
옹기종기 납작돌 위에 앉아있는
너를 보며 생각한다

눈물 나도록 매운날이 있었느냐
햇볕 뜨거워 더운날도 있었겠지
짜서 찌프린 흐린날은 어찌했니
셔서 눈감고 토하기도 했었겠지

사시사철 그 모습
내 엄마 손 때묻은 항아리

천년을 이어 가겠지

울나리 복사꽃 이 봄 바람에 웃는다
장독사이 돌틈에서
진보라색 난초꽃이 나 오라고 손짓한다

인생

처음만나
인연을 맺고

오랜 시간
같이한 세월

내 사랑 아직도
청춘이건만

무정한 세월 속에
묻혀 버렸나

아직도 그대와 난
봄꽃이련만

흐르는 강물 따라
내 청춘 가네

흐르는 구름 따라
내 인생 가네.

예쁜 목련

봄 꽃비 오네
꽃의 향연이 펼쳐진다

매혹스런 분홍빛 입술
잎보다 먼저 보고픔

탐스런 귀여운 예쁜 사랑
자목련 내 님 올 때

대지위에 화사한
봄날이 섰다.

산사에서

산사의 오후
물소리 풍경소리
뻐꾹새 소리

하늘은 호수
송화향 가얌바람
내님 눈썹달

숲속 옹달샘
낮 반달 샘물 속에
우리 님 웃네

연못에 풍덩
낮에 뜬 반달배에
우리 님 태워

생긋생긋 꽃
내님이 눈흘키네
자비 꽃 수련.

내 사랑 당신

맑은 하늘
청푸른 배추 무 밭
김장을 기다린다

아름다운 꽃 향기 들깨 꽃
찬서리 속에 마지막
구수함을 풍긴다

빨강 고추잠자리
산들바람 이는 코스모스 꽃
그 꽃 속에 나는 잠이 들었네

당신은 어여쁜 진분홍 코스모스 꽃
나는 빨강 고추잠자리 아담
당신의 귀엽고 예쁜 눈흘김에

나는 모든 것을 잃었지요
그대 아름답고 상큼하고 어여쁜 미소에
내 마음 모두를 빼앗기고 말았어요

지키겠어요 당신
사랑할래요 그대
안아줄께요 이브
나는 멋쟁이 아담

이 세상 영원히 당신만을 사랑합니다.

보고픔

저 하늘 구름
가신 님 찾아가니
내 맘 같구나

별 속에 있니
달 속에 잠들었니
보고 싶어요

벌 이 봤단다
꽃 속에 숨었단다
꽃을 고른대

약속한 당신
날 두고 어느 품에
목단의 눈물

그대 내 사랑
목단 꽃 내 가슴엔
당신 하나뿐

활짝 웃어요
눈물을 감추어요
내 님 목단 꽃.

산딸기

(보고픔)

빠알간 산딸기
물안개 멱 감고

누가 볼까 수줍어 잎에 숨었네

내 님께 드린 사랑
행여 잊지 않으셨으련만

사모하는 내 마음 곱게 접어
가슴 속 깊이 간직 했네

붓꽃쟁이 소슬바람 새물재 넘을 때

그리움에 사무친 내 마음도
함께 데려가주오.

출근길

새벽 장막이 깨진다
짹짹 참새
상쾌한 아침입니다

아카시 꽃 향기
나를 반긴다

그대와 눈인사
방긋
얼굴 빨개졌어요

꽃 향기도 상큼해
모란이 활짝 웃네

출근길 은 기쁨입니다

내 사랑은 역시 아름다운 그대였어요.

내 사랑 오월

보고 싶은 당신을
그리는 마음
이른 아침 아름다운 장미꽃

가시에 맺힌
영롱한
반짝이는 이슬처럼

아름다운 당신을
그려내려는 연민이고 싶어

당신의 어여쁜 미소를 언제나 볼 수 있었으면 좋겠다

그 숱한 날 중에 오늘 하루 만이라도 —

아름다운 오월 그대여 —.

고추잠자리

내 님은
가을 인가봐
산들 바람이 샘내요

내 님은
코스모스 꽃 되어
살랑 살랑 미소져요

내 그대 당신은
하늘 가을 인가봐

고추잠자리
바지랑대에 앉아
예쁜 구슬 두 눈으로

시월단풍 부른다.

그리운 고향

고향 길은

밤나무 꽃길
머루다래 익는 길

엄마가 장에 가던 길
산딸기 예쁜 눈웃음 순아 보고파
밀밭 세번째 고랑 우리 만나던 곳

청국내 징검다리 송사리 놀고

너무 그리워

황토 십리길

뻐꾹새 보리고개
내 고향 산천

고향 길은

담배 향 하얀 꽃 길
뽕나무 오디 익는 길

우리 누나 시집 가던 길
가마 창가
보슬비와 같이 울었지

어여쁜 연무 속에 저녁 연기
곱기도 해라
골짜기 가제 물버들 아래 알 품는 소리

너무 가고파

성황당 십리길

뜸북새 눈물고개
내 고향 산천

내 마음

산들바람 불면
내 마음 어떻게 해
이 마음 나도 몰라
코스모스 꽃 잡고 내가 운다

넋두리

여우꽃 소낙비에 청옥란이 울고 있네
왔다가 가는 것이 천추 안에 한이련만
한없이 안고 싶어라 내 사랑아 청옥란

눈물어린 보고픔이 뿌리째 몸부림친다
애처로이 흔들린다
코스모스 꽃밭 속에 앉아서 —.

가을꽃

가을이 오면
그대에게 편지를 쓰겠어요

코스모스 꽃 빨간 바람에
보고파 우는 연민
당신은 아시나요

책임못질 사랑은 왜
해놓고
좋아서 꺽었으면
버리지는 말아야지

가을꽃 눈물 사연을 쓰겠어요

그래도 못잊어서
키스로 봉한편지

달마중

(동요)

아가야 나오너라 달마중 가자
앞마당에 바지랑대 높이쳐 들고
은하수에 빠진 달을 건지러가자

아가야 연꽃 따라 손잡고 가자
별밭호수 연잎 따서 머리에 쓰고
버드나무 호들기를 불면서 가자

아가야 나오너라 달따러 가자
달이 꼭꼭 별이 꽁꽁 술래 될 때에
몰래 얼른 달을 따서 망태에 담자

아가야 나오너라 달마중 가자
꼬까 입은 아가눈에 별빛이 빈찍
삽살이도 꼬리치며 멍멍 짖어요.

반달

(동요)

낮에 나온 하얀 달 예쁜 반달은
햇님이 좋아하는 노리개래요
내 동생이 엄마 품에 꿈나라 갈 때
머리 위에 대롱대롱 달아줬으면

낮에 나온 예쁜 달 접시같아요
감가지 연시두개 까치가 울면
홍시 하나 달에 담아 엄마젖 찾는
우리 아가 예쁜 손에 쥐어줬으면

낮에 나온 하얀 달 예쁜 반달은
햇님이 빗다버린 쪽빗인가요
우리 누나 댕기머리 가름마 탈때
쪽진 머리 비녀대신 꽂아줬으면.

보름달

(동요)

보름달 둥근달 지붕위에 떠올라
구름에 잘가네 어디까지 가 -나
은하수 건너서 별보러 가나요
은하수 지나서 해보러 가나요

예쁜달 둥근달 감나무에 걸렸네
내동생 달속에 구슬갖고 노 -네
엄마가 달아준 머리띠 은구슬
아빠가 사다준 은반지 옥구슬

보름달 예쁜달 쟁반같이 둥근달
한없이 잘가네 어디까지 가 -나
그리운 내동생 만나러 가나요
내동생 보고파 만나러 가나요.

*보고 싶은 내 동생이
일 년 전에 하늘나라로 수학여행갔는데
지금도 안 돌아와요

낙화암 단풍

빨갛게 채색되네
무슨 말을
하려는가
황산벌 내 백성이
안개 속에 뒤덮이네
의자왕 속타는 가슴 저 하늘은 알까나

산 좋고 물 맑은 곳 이름하여 백제 가야
천년의 학의 고장 천혜 속에 기름진 땅
뉘라서
싫다하리오
영동신라 샘내네

사랑을 따르자니 내 조국이
위태롭고
나라의 슬픈 운명 사나이가
시켜야시
계백이 빗 속에 우네 처자식아 잘 가라

가야국에
천년사직 백제꽃 삼천 꽃잎
하늘도 안타까워 눈비 같이
쏟을 적에
계백의 원한의 피가 단풍으로 물드네

낙화암 절벽위에 둥지트른 흰 백로야
임향한 일편단심 치마 꽃잎 보았느냐
모란꽃 삼천송이가 시월향수 단풍꽃.

갈대 꽃 당신

하얗다 못해
바래진 그 향기에
엄마의 내음을 맡았어요

갈대꽃 만개할 즈음
엄마의 무덤가에는
하얀 나비가 나폴 나폴 춤을 추었어요

하얀 꽃 안개비가 예쁘게 향기안고
휘날릴 때
엄마의 설움이 한웅큼
가라앉는 걸 보았어요

엄마가 웃고 있었어요
꿈속에서 엄마의 자장가 소리에
젖은 베갯닛안고
삼들었시요

엄마가 살며시 나 보고
말해 줬어요
예쁘게 살아야한다고 –

엄마 ! –
보고싶어 ! –
갈대꽃 따갖고
엄마한테 갈거야
한아름 안고 갈께 응 ! – 엄마 ! –

갈대 꽃 바람 따라 가는데 –
하늘 햇님이 눈물을 감추며 구름에 숨었어요.

형제

(내가족)

아름다운 날에
모든 것은 우리의 것이였습니다

싱그러운 햇살
참꽃 홍목련 예쁜 눈웃음

수줍음에 붉어진
꽃몽오리

모두 모두 아름다운 얼굴이었어요

봄바람 향기 가득한 새싹

새싹내음 당신의 예쁜 미소였어요
모두 다
사랑하렵니다

우리 전부 같이 웃으며
노래했어요
천년세월 흐름과 같이 가겠다구요.

고향 그림자

청보리 순 피면
밀 순도 피지
밭골 사이 둔덕에는
새하얗게 반하 꽃이 핀단다

들에는 가래질
논두렁 고치는 사월
순이는 안주 바구니 들고
나는 막걸리 한말 지게에 지고

씀바귀 민들레 노랑꽃
아침 이슬에 젖어
빈찍 웃네~
농부들 흥겨운 가락 가래질 타령

농로길 옆으로 뽕나무 오딧순
신 보랏빛 띠우네
가래질 치다 큰 뱀장어 한마리
메기 세마리 외삼촌이 잡았대

쪽박에 막걸리 새참
김치가 모자란데
농로옆 쪽밭에 무 장다리
아카시 검붉은 새순 찔래 새순 꺽어
고추장에 찍어 주니 아제들 웃네
안주된다고 —

송사리 장구아제비 보리방개
쪽빳은 줄풀 사이에 놀고
순이와 오는 길에 냇가에 앉아서
돌 밑에 가재잡아 순이주고 줄풀뽑아 까서 줬지 —
순이는 볼우물 미소지며 내 어깨에 살며시 기댓을 때

나는 물탕튀기며 골려 줬는데
순이는 예쁜 눈 곱게 흘키며 내 어깨를 살짝 꼬집더니
울면서 바구니들고
아빠한테 일른다고 뛰어 갔었어
"야 너 내 새색씬데 어디가" 미안해 —

구름이 흘러가고
밤꽃이 반백년이 피고 지고

목련꽃 지고 철쭉꽃 피고
모란꽃이 눈부시구나
순이야 좋아해 사랑한단 말이야
아카시아 꽃 움틀 무렵에 너 그리워 내가 운다
순이도 나를 좋아했는데 난 알지

찾아갈 곳은 못되드라 내 고향
버리고 떠난 고향이기에
뻐꾹새 산비둘기 정다운 내 고향 이였기에

여우봄비 내리는 햇무리하늘을
끝없이 바라본다
마음의 고향

내 고향 화전리 아름다운 복사 꽃 그림자 —
내 고향 그림자.

할미꽃 순정

장독대 하얀 목련 꽃
작년에도 폈었지

외할머니 손에 든 흰 절편
고사리 손에 쥐어줬어요

예쁜 꽃 목련꽃잎 지던 날
하얀 손수건 눈물 젖어 쥔 손

복사꽃 속에
외손녀가 활짝 웃고 있어요

할머니 외할머니 ! –
아가야 ! – 내 새끼야 ! –

햇님도 눈물 훔치며 구름 뒤에 숨었어요.

아버지

그 분은 항상
웃음만 있었습니다

그 분은 항상
주머니에 돈만 있었습니다

그 분은 항상
외로웠습니다

그 분은 언제나
몰래 웃어도 눈물이 많았습니다

그 분은 세상살이가
힘만 들었습니다

그 분은 지금 여기에 안 계십니다

그 분은 우리 아버지였습니다.

수레국화

보랏빛
프르름에 어여쁜
수레국화
황홀한 삼단 머리 빼어난 너의 자태
눈부신 사파이어 빛 누가 볼까 애탄다

은은한 달빛 누리 미소 띤 너의 얼굴
따아 올린 삼단머리 장록수 닮았느냐
꽃 바람
너의 머리결
나의 볼을 만지네

이슬에

목욕하고
예쁘게 웃는 민낯

하늘 빛

에메랄드
네 눈빛 나의 눈빛

눠라서

경국지색 을
마다 한다 하리오

보름달 연꽃아래 윤슬과 같이 놀고
빼어난 너의 모습 장희빈 닮았구나
볼 우물
내 사랑 담아
천리 꽃을 피우자

사랑 꽃 수레국화 외로워 울지 마라
남색옷 코발트빛 내 마음 유혹한 꽃
잠자라 내 품 속에서 함께하자 천만년.

춘심

남한강
여울 목에
꽃 보라 휘날리고

살구꽃
향기 가득
복사꽃 어여쁘나

몽오리
내 님 가슴 품
련꽃 만치 하리오.

오월 모내기

무듬 치
오솔길에 송홧가루
날리고
풍년초 담배 꽃이 하얗게 피는 고향
엄나무 서낭당 고개 보랏빛 도라지 꽃

갓익은 논 보리를
베내야 모를 심네
방아간 찧은 쌀이 두말 가웃
공출 값
열 세말 남은 보리쌀 모내기 때 쓸 양식

모찌며 옹기종기 타령 소리
술도 한잔
어미소
써래 끄네 워낭소리 새참 오네
재희야 고등어 조림 내것 따로 놔 둬라

산비둘기 우는 속 보리고개 애환 서름
할미꽃
무덤가에 찔래꽃 잎 서러워라
하얀 잎 아카시아 꽃
그 향기가
새로워

올해는 봄 가믐에 두렁콩도 못 크네
재희는 오디밭에 순희와 조퇴했지
학교서 대민 지원을
선생님이 하셨네.

파란 들판 모내기논 볼수록 아름다워
뜸북새 두렁 콩잎 논뚝 딸기 익어갈 때
흰소창
옷고름 젓네
우리 엄마 낮달 눈

뻐꾹새
우는 마을
산딸기 익는 고향
고사리 예쁜 손이 하늘 을 움켜 잡네
밤이면 공회당 에서 술 지개미 취했지

모두가 가버렸네 보고 싶은 내 사랑아
흰 백발 이 성성한 몸 무엇을 기다리나
이제는 달빛에 묻혀 그리움에 잠드네.

인생

(삶)

연못가 연꽃 윤슬 달빛 아래 젖어 울고
두둥실 일엽편주 술잔 속에 홍주 눈빛
쉬어라 가는 세월아 내 사랑이 머물게

찔래꽃 바람결에 날려온 엽서 한장
반가운 님 소식에 흰 박꽃 웃음 짓네
꽃 향기 사연 속에는 내년 봄에 온댔어

어스름 별빛 여울 개구리 님 부르네
우리 님 나 그리워 나 또한 사모하지
꽃 엽서 가슴에 품네 세상 모두 나의 것

꽃잎이 진다하여 서러워 울지 마라
봄꽃 나래 우월칠성 쟁반 달 동지팥죽
인생사 흘러서 감이 우주 신화이려니

천지는 사람이요 우주는 생명체라
삶속에 모는 것이 자연 안에 묻혀있네
한조각 구름 흐름도 인생인가 하노라.

중년 시대 1

가을에
붉은 능금
아름답게 영글었네
그동안 모은 금을 즐겨쓰는 시기라오
금덩이 축척하거나 투자하긴 지났네

자손의 재정문제
그들의 사항이다
이렇쿵 참관 하여 딴생각
들게마세
여지껏 키워주면서 일러준 것 충분해

최선을 다 할지니 건강해야
웃는 단다
먹을 것이 쌓였어도 쪽니면 소용없어
아침에 일찍 일어나 동래라도 돌고와

평생의 반려자는 내 반쪽 하나여라
언제나 위해 주고
손잡아 안아주고
최상의 제일 좋은 것
고급물건 안겨줘

사소한 스트레스 웃으면서 해결하세
과거의 나쁜 기억 잊은 만큼 즐거우리
현재가
중요 하단다
좋은 일만 생각 해

주위에 동래친구 서로 입장 같은 처지
웃음 띤 목례 인사 나쁜 마음 없애주지
원만한 인간관계는 내 마음에 꽃 피네.

중년 시대 2

꽃 피면
새가 우네
낙엽 지면 달이 가네
봄이야 오겠지만 구름 속에
청춘 가네
옊겨워 슬퍼 말아라 네가 가야 해 뜬다

안으로 마음 치장
외적으로 몸 치장
내면이 어여쁘면 양면이 아름다워
심신을
잘 가꾸어요
반려자여 그대여

청 카바 캉캉 구두 까만쪽테 선그라스
유행은 양보해요 그대 맞는 옷 입어요
어설픈

패션 스타일
앞집 처녀 웃는다

젊은 세대 존중하고 그들 견해
위해요
나잇살 들었다고 인생 역사
얘기 마오
미래를 이끌 사람은 젊은이 들
내 자식

옛날 옛적
그 시절에 과거는 흘러 갔다
토속적인 사대부 설 청소년들 다 아네
당신도 이 시대 사람
노인네 티 못 말려

명랑한 젊은 세대 긍정적인 새싹들
좋은 말 좋은 일도 다 하긴 짧은 시간
인생은 가기도 바빠 공간조차 없다네.

중년 시대 3

여우비 사랑 안에 홍대추는 익어가고
강낭콩꽃 빨간 입술 가을 낭군 반기네
피마자 낮달을 보고 발정미소 예쁘다

긍정담은 생각 속에 건전한 생활 관습
누구나 같겠어도 실천 하는 노력 안에
진정한 친구가 있지 그 사람이 반려자

가징은
천국이지 어울려 같이 웃되
자력이 허용되면
자식과 떨어져라
제 인생 저사는 세상 살수록 사신 위주

자신의 능력계발 취미 생활 활용하라
갈수록 나만 아는 허약함이 서러 워라
눈물은 보이지마라 때가오면 다 안다

모임에 참석하고 초대에 승락하라
남의 말 경청하고 내 말은 적게 하라
어설픈
한마디 말은
나약한 풍전 등화

노쇄에 불편함과 고통을 감수하라
늙는 건 당연 지사 세월의 탓이란다
모든 걸
자연스럽게
수용하고 즐겨라

타인의 잘못에는 관대하게 용서하라
내 자신 실수에는 우선 먼저 사과하라
똑같이 행동하며는
그대마음 불편해

나에 대한 남의 말은 신경을 쓰지마라
웃으며 휴식하며 평화롭게 생활 하라
즐겨라 소중한 인생 좋은 술만 마셔라.

벚꽃 춘심

새하얀
눈꽃 송이 환한 미소 벚꽃 아씨
귀여워 예쁜 마음
볼우물에 가득 찼네
고아라 순진 무구한 백의 천사 사랑 꽃

순백의 벚꽃 송이 꽃가루
물결 치네
그윽한 그 향기 는 내님의
창포머리
미소띤 고혹적 풍미 쏟아내는 우아함

희디흰 앙가슴에
뿌려진 꽃잎 순정
별빛도

부끄러워 꽃방 속에 숨었네
가로등 불빛 마저도 꽃잎 안에 묻히네

사랑에 목이 메어 흐느끼는 여인아
달빛도 애처러운 꽃가지에 숨었네
어차피
떨어질 바엔
내 가슴에 안겨라

봄바람 벚꽃 아래 너울대는 춤 사위
사랑이 병이드냐 그리움만 쌓이네
보고파 못잊어 우네 짧은 밤의 춘심 곡.

목련

옥양목 저고리에 꽃 바람 휘감기고
춘삼월 백 목련꽃 오신님 품어 안네
예쁜 꽃 가는 허리꽃 하얀마음 내 마음

흰소창 소매 적삼 분홍 꽃잎 옷고름
춘삼월 여린 미소 어느 집 규수 인가
가신 님 못잊어 우는 애처러운 목련아.

금강초롱

어스름 별빛 여울 가신 님 못잊어서
초야에 묻힌 세월 눈물로 쓸어 안네
개구리 울음 소리에 소쩍새도 우누나

연 남색 명주치마 옥양목 흰 저고리
한줄기 달빛 여울 님 향기 묻어 오네
보랏빛 금강초롱에 불 밝혀라 아희야

오늘 밤에는 우리 님이 오시겠지.

삶

(인생 여정) 사설시조

한수 (초문) 초장

칠월 고향풍경

호밀 보리 같이 익어 보리 타작 내일인데
낫 베러간 애 아빠는 장터에서 아니오고
아낙네 속 타는 가슴 뻐꾹새만 울어 대네

두수 (중문) 중장

온유월

가위 바위 보

아카시아 열다섯 닢
아이들의 숫자 공부
말등바위 개울에서 하나 둘씩 따버리네

간장독 옹기 할배가 골련피며 웃는다

청개구리 줄잎 아래
땡볕 피해 앉아 졸고
송사리 떼 누나 친 발에 걸렸다고
가재가 꺼먹신 물어뜯어

쌀방개 소금쟁이 진보랏빛 물잠자리
물총새가 채어 가네

쭈욱 죽 어미소 물먹는 소리
송아지도 따라 먹네

솔향기 가득한 원두막
수박 외 익는 소리
미류나무 잎 파리 바람에 사그락소리
다랭이 논벼 나락 페는 소리

보리밭 이랑에 시퍼렇게 메주콩 크고
뽕잎 따는 순희 영자 정자야
함지 베포 걷어라 새참 지났다

막걸리 한사발 먹고 하자
뻐꾹새가 울며 난다
장끼가 푸드득 사냥꾼을 놀린다

세수 (막문) 종장

인생 무상

청산리 벽계수야 너를 찾아 내가 왔네
쏟아지는 폭포수에 세월도 깍겼구나
흐르는 달빛 속에서 한잔 술에 나 운다

폭포수 여울목에 그리움이 서려 앉네
인간의 슬픈 마음 어드메가 끝이더냐
허망해 엮겨워 운다 기가막힌 인생아.

아름다운 사계

태초에
조물주는 우주신화
그릴 적에
다 같은 조건에서 사랑으로
빚었다네
위하라 모든 만물아 날 낳으신 선친을

오묘하고 아름다운
하늘이여
우주여
별 속에 생존하는 모든 생은
다 같은 것
빛나라 오색찬란한 천지현황 성계여

꽃이 피고 새가 울면 삭풍따라
나는 가네
섣달그믐 달빛아래

눈 속에서 맺은 사랑
겨울이 흘러 가며는 내 화생도 가겠지

희다 못해 푸르른 아름다운 백 매화꽃
눈 녹이는 눈깨비에 흐느껴
젖어 새네
오는 봄 약속하드냐 떠나가는 겨울 정

봄볕에 꽃이 피고 여우비 쌍무지개
어여뻐라 가을 빛 겨울꽃 매화낭자
사계의
어여쁜 꽃밭
하나님이 주셨네

아름다운 예쁜 꽃도 다른 꽃이 더 예쁘고
침 흘리는 예쁜 아가 더러운 줄 모르듯이
잿빛 색깔 남의 흉보다 내 미운 정 먼저 보세.

매화꽃 순정

함박눈 소복 소복 장독대에 쌓이는데
곡주잔 오고가는 원앙 한쌍 예쁘구나
월향아
건너 오너라
낭군님이 부르네

북세풍 낙엽 위에 함박눈 휘날리고
장독대 매화낭자 군불을 지필 적에
정든 님
반길 생각에
홍매화가 웃는다

연곶감 씨발리는 매화 손 어여뻐라
월향이 눈흘키며 곡주잔 따라주네
아서라
술잔 채워라
네 치마로 닦아라

홍매화 꽃 예쁜 자태 삭풍이 샘이 났네
문풍지에 바늘구멍 쇠 바람 흔들어도
등잔불
매화 꽃 사랑
님 품 안에 잠잔다

첫닭이 홰를 치네 온 세상이 하얀 달빛
함박눈 멈추었고 북풍한설 잦아 들고
세월아 가지를 마라 우리 님이 못 가게.

성난 능금

초록빛 어여쁜 날 능금꽃 향기로워
복사꽃 눈흘키며 내 사랑 품어 안네
능금꽃
슬퍼서 우네
세월 속에 갔는가

향긋한 산머루 주 예쁜 미소 능금꽃 손
서러워 애닯어서 샛별 속에 숨었구나
그리워
보고 싶구나
내 사랑 꽃 눈물 꽃

능금알 내 사랑아 내가 진정 몰랐구나
복사꽃 곱다 해도 능금 꽃에 비할까나
나 몰래
가버린 내 꽃
내 여인아 능금 꽃.

인생

(눈물 꽃)

오 남매
손 바라지 가슴 골 페이는데
셋째는 내 맘 속에
더없이 예쁜 동생
엄마의 새벽 리어카 파지 속에 묻히네

둘째딸 출근 준비 언니가
챙겨 주네
자기 옷
내어 주고 립스틱
발라 주네
형제는 더 없는 내 몸 아련함의 몸부림

첫째는 엄마 같애 자장가
불러준 님
살어름
나 가는 길 눈물로 알려 주네

내 힘듦 언니가 아네 염려말어
잘할께

세상이 무디드냐 네 뜻이 안차드냐
오 남매 아들 하나 하늘의 과한 선물
어찌해
세상 물정이
네 마음에 안차니

다섯째 가여워라 눈물로 이별 하네
강물에 네 맘 실어 서글피 바라보네
물새가
슬피 울며는 내가 운 줄
알거라

세월이 흘러가네 구름 같이 꽃이 핀다
어떤 것이 보고 싶니 내 추한 이 모습을
가거라 세월아 너는 내 맘 하나 못 잡니.

사랑가

숨벅골 연꽃 못에 휘엉청
밝은 달빛
월하에 웃는 모습
월향이 닮았구나
술잔에
화주 채우며 예쁜 눈을 흘킨다

월향은

달빛이고
매향은 별빛이네

은하수

다리 건너
샛별이 아름다워

연분홍

꽃잎 사이로
홍수련이 웃는다

두둥실 배 띄워라 매향아 너도 가자
윤슬에 반짝이는 두 꽃이 귀엽구나
내 품에
안긴 꽃송이
사랑노래 부르자.

생의 여운

울었네 소리쳤네 역겨운 내 사람아
꽃피면 새가 울면 봄 인줄 알았는데
모두가 부질없었네 내 사랑아 청춘아

어차피 갈길이면 안와도 됐으련만
눈물로 보낸 연민 무엇을 바랄 까나
못보고 가는 서러움 약속한건 나라오

말없이 눈물지며 이 몸이 떠나거든
고운 정 쌓인 미움 세월 속에 묻어요
무덤가 복사꽃 피면 나 본 듯이 안아주.

풍경소리

(저녁놀)

산사에 딸랑 소리 화전골에 스쳐오면
도솔천 골짜구니 청솔한짐 내려 쉬네
외할배
풍년초 말고
머슴들도 땀 닦네

매콤한 생솔연기 저녁 노을 물이 들면
청솔계곡 산사에 옅은 운무 아름다워
골련초
곰방대 연기
머슴들이 신난다

목탁소리
풍경 소리 솔방울에
바람이네
도라지꽃 지개 위에 우리손녀 소꿉친구
인생이 즐겁던 시절 화전리에 저녁노을.

따오기

까만밤
새 하얗게 밤이슬에 젖어 새네
은하수 달빛 너머 외따오기
슬퍼 우네
우리 엄마 가신 나라 해 돋는 동방 나라

오로라 열두 색깔
그믐달에 얹어 싣고
별 너머 다리 건너 외따오기
샛별 눈물
내 아버지 가신 나라 달지는 서쪽 나라

따옥따옥 따옥 소리 구슬 퍼 우는 소리
내 부모 한평생에 그 무엇이 안타까워
자식 위한
애틋한 맘
별이 되도 안 차네.

인생 여정

(성공길)

마음 속에
각오는 언제나 뜻이 있지
원망이 응어리져
성취길 멀어 지네
모든 일 겸허히 받아 시간 낭비 줄여요

반성과 후회 마음 한번으로 족하지요
보란 듯이 일어서는 오뚝이 맘 보여요
힘들어
나태 정신은
모든 일을 망치네

재기를 못한 데는 분명히
이유 있지
할일을 망각 하고 합류화 시킬 적에
현실은 과거와 같이 웃으면서 간다오

내 처지가 이러하다 듣는 이는
웃는다
위로를 받으려면
의욕대로 전진하라
아직도 건재 하다는 자신감을 보여라

마음이 조급하면 모든 것이 수포이네
가슴에 손을 얹고 지나온 길 뉘우쳐요
느긋한 마음 가짐이 성공길은 그대 길.

사모곡

하늘도
안타까워
구름 속에 우는 설음
모든 것이
떠나가도
그대는 아니되오
잔제에
남은 아우성 그대 없인 눈물 뿐

인생에 뒤안길에
모든 것이 똑같은 맘
장마통 빗 속에도 우리 들은
즐거웠지
인생에 우리 염원은 같이 웃는 사랑 뿐

저 하늘에 비친 달은
누굴 위해 웃는가
애초에 알았으면 별이라도 잡았겠지
서글픈 인생 여정아 갈테면은 혼자 가

어차피 간다며는 그리움도
가져가오
목련꽃도 서로 웃고
수련꽃 눈흘김을
모두 다 울고있어요 내 사랑아 가지마

이제는 말해야지 몇날 며칠 망서렸지
사랑한다 그 한마디 수줍어 말 못하고
떠난 뒤 눈물흘리네 이 아픔을 이이해

가지 마세요.

달개비 꽃

노랑꽃술 우리 님이 하얀 밤 그려놨네
달개비
파란마음 예쁜 순정 울려놓고
살구꽃 고운 봄날에
다시 온다 말 했지

새벽안개 까치노래 내 사랑 오시는가
삼백예순
살구씨가 골 백번 넘어가도
님그린 슬픈 이 마음
달순이가 예닐곱.

코스모스 꽃

(인생은 바람결)

은하수 달빛 너머 들풀향기 나 홀리네
천상에서 쫒겨난 옥황상제 셋째 공주
이승에 가고 싶더냐 예쁜 공주 달덩이

삼단 머리 틀어올린 어여쁜 야생화 꽃
이름 하여 셋째 따님 개구쟁이 공주님
그 누가 마다 하리오 경국지색 알콩녀

산들바람 이승에 코스모스 예쁜 친구
꽃샘 방 꿀항아리 알콩공주 다 먹었지
이승이 이렇게 좋아 내 짝을 찾을거야

부귀함도 풍족함도 모두가 나는 싫어
코스모스 꺽어든 님 돌쇠가 나 울리네
내 사랑 돌쇠 머슴아 네 짐 속에 나 있다

옥황상제 걱정되어 딸 찾으러 왔건만
셋째딸 코스모스 꽃이 되어 웃고 있네
아버지 여기서 살래 천상 보다 더좋아

구름도 흘러 가네 강물도 흘러가네
세월도 흘러가고 청춘도 흘러가네
서러워
울지 말아라
인생이란 바람 결.

청포도 사랑

뻐꾹새 정다운 곳 황토 골 과수원에
숙이가 따다주던 청포도 송이사랑
첫사랑 우물가 쪽박 샘물 위에 포도잎

다람쥐 꿈을 꾸고 산 비둘기 사랑 찾네
송아지 엄마 찾네 참깨꽃이 익는 소리
청포도
송이 송이가 숙이 얼굴 닮았네

촉촉한
여우비에 익모초잎 질 푸르다
꽃밭에 봉숭아꽃
나를 보고 활짝 웃네
숙이야 약속했잖아 나만 좋아한다고

울타리 산머루가
진 보랏빛 나를 보네
아주까리 빨간 입술 얼룩무늬 알 품고
청포도 보고픈 숙아
그 어데서 우는가

구름에 숙이 얼굴 아련히 그려 보네
청포도 내 사랑은 포도빛 파란마음
그리운 청포도 사랑 첫사랑아 내 숙아.

봉숭아 연정

붉은색
열 손톱에
정아 사랑 들어 있네
장독대 뒷것에서
실로챙챙 숨은 사랑
봉숭아 꽃이 피며는 생각나는 정아야

비 그친 들녘 에는
쌍무지개 어여뻐라
정아가 보채면서 발톱에도
해 달래요
오십년 중년 지절아 봉숭아꽃 내 눈물

낮에 나온 반달 속에 정아가
손짖하네

봉선화
순이꽃은 제꽃보다 못 하데요
예쁜 눈 살짝
흘키며 물바가지 안 주네

아주까리 빨간꽃이 콩밭 위에 웃을 때
김제평야 신작로 옆
돌아앉은 주막집
봉선화 예쁜 꽃잎이 나를반겨
우누나

하늘엔 꽃 구름이 정아 얼굴 그려주네
봉숭아꽃 빨간 연정 못 잊어 내가 우네
사랑아 어데로 갔니 내 인생아 청춘아.

해당화 연인

꽃구름 아름다운 해당화 예쁜 섬에
똑딱선 기적 소리 파도에 흘러가고
해변에
어여쁜 여인
내 얼굴은 분홍꽃

갈매기 파도 위에 돛단배 한가롭고
해당화 피는 항구 내님과 거닐었네
바람 결
귓가에 머리
내 사랑은 붉은 꽃.

조롱박

하현달 별 그림자 귀뚜리 슬피울고
가신님 기다리네 새하얀 백옥 박꽃
천년에
그리움되어
처마 끝에 달렸네

하늘엔 꽃구름이 예쁘게 피어나고
초가집 조롱박은 귀여운 순이 얼굴
낮잠이
덜 깬 누렁이
알 난 닭을 쫓는다.

싸리꽃 당신

모란은 이미 가고 자두알 샛누렇네
이슬에 싸리꽃 이 외로이 우는구나
보고파
야속한 님아
나를 기억 해 줘요

서러워 연분홍 정 꿈 속에 숨을래요
못다한 사연 속에 눈물만 흘렸어요
싸리꽃
예쁘게 피면
나를 안아 주어요.

첫순정

(첫날밤)

휘엉청 밝은 달빛 우리 님 아름다워
개구리 울음소리 별빛도 처량한데
예쁜 님
내 사랑 님아
귀여운 꽃 그대여

어스름 달빛 누리 소쩍새 별 그림자
참나리 당신 꽃정 꽃구름 숨어 웃네
애닲어
꽃잎 내 사랑
오늘밤에 안으리.

오월장미

(슬픈장미)

백장미 하얀 마음 빨갛게 멍든 가슴
내일은 오시리라 눈물로 하늘보네
덧없는
야속한 세월
오월 장미 사랑아

찔레꽃 하얀 장미 파랗게 물들었네
내 님을 향한 마음 하늘은 알겠지만
내 설움
장미꽃 피면
꽃잎이나 따 주오

붉은빛 이슬 속에 눈물이 반짝이네
내일이 오드래도 못보고 가는 이맘
내 무덤 장미꽃 피면 나 본 듯이 안아주.

뻐꾹새 우는 마을

뻐꾹새 우는 산천 보리가 익어가고
뽕나무 오디빛갈 진보라 물들 적에
떡함지 옥양목 세필 손주놈의 기저귀

산 너머 시집간 딸 보고파 넘어갈 때
성황당 엄나무길 뻐꾹새 우는구나
손주놈 배냇 저고리 이 에미가 지었다

할머니 함지 속에 인절미 무명 닷필
오월 볕 따가와도 뻐꾸기 울어주네
아가야 조금 참아라 손주보러 나 간다

넘어도 바라봐도 세 고개 넘었구나
뻐꾸기 애처러워 뻑뻑꾹 겹쳐 우네
사위가 마중 나오네 손주놈도 내 딸도.

아카시아 꽃

하얀 꽃 아카시아 그 향기 파란 마음
꽃 바람 살랑 내 뺨 눈감고 너를본다
소리쳐 불러보아도 다시 안올 그시절

소나무 가지 위에 서버린 꽃바람에
솔방울 두세개만 그 향기 안고 웃네
가는게 서러웁드냐 아카시꽃 내사랑.

장터

어제 밤 내린 봄비 철쭉꽃 방긋 웃네
오일장 들뜬 마음 아낙 들 신이 났네
춘 사월
둘째딸 여식
혼수감이 맘 쓰여

황토 길 고개 돌아 내 건너 철길 지나
구수한 장국 냄새 읍내 장 다다르면
옆 마을
수련이 엄마
자매 들이 만났네

이쪽은 국수 먹고 막걸리 주고 받고
깨 두말 팔은 돈은 혼수감 모자라고
속 옷감
오 광목으로
서너폭만 끊었네

엿장수 가윗 소리 장안이 흥이 났네
빈대떡 순대국밥 약 장수 발 북소리
시골장
넘치는 인정
사월 볕이 따갑다

아름다운 장터 풍경이
아직도 시골 장에는 있어요.

모내기

덜 여문 논 보리를 베내야 모를 심네
방앗간 찧은 보리 말 가웃 공출 빼니
너 댓말
남은 보리쌀
모내기 때 쓸 양식

모 찌며 옹기종기 타령에 술도 한잔
한쪽엔 논 고르고 어미소 써래 끄네
줄 맞춰
모를 심으니
흙 논물이 파랗네

면에서 직원들이 농번기 지원왔네
모두들 농부 아들 모 찜이 딸리누나
새파란
녹색 물감이
물 드는 듯 하구나

이장집 기원이 네 막걸리 한 독 내네
파란 들 모내기 논 볼수록 아름다워
이제는
흘러간 추억
그리움에 잠기네.

봄비

봄바람 살랑살랑 늦 봄비 간지르네
어젯밤 둘이만나 사랑을 그렸나봐
빨강색 울타리콩이 예쁜 눈을 흘키네

봄비가 칭얼대며 바람에 안기우고
나두고 멀리 갈까 봄비는 애가 타네
예쁜 짓 연분이구나 모란꽃이 웃는다.

연분

사랑에 젖어 녹아 나홀로 슬퍼 우네
맺힌 정 그 연민이 내 사랑 아니였나
내 마음 상념에 슬퍼 추억 속에 잠긴다

봄비가 소리없이 내 가슴 젖어 울고
어여쁜 그대가면 나 홀로 어이할꼬
가련다 당신 따라서 하늘에서 꽃 피자.

고향 별곡

진달래 아름다운 복사꽃 피는 마을
성황당 황토골에 다람쥐 꿈을꾸고
뻐꾹새 할미꽃 따라 바람노래 부르네

골짜기 흐르는 물 가재가 알을 품고
고사리 예쁜 손이 하늘을 움켜잡네
싸리꽃 피기까지는 순이 얼굴 못보네

지네틀 열두퀘를 오일장 쉐러가네
쌀한말 짊어지고 이십리 외할배야
쌈지돈 팔아받은돈 양조장술 독나네

이 세상 사노라면 좋은 일 많겠어도
어이해 인간에게 그리움 주었을고
야속타 신이 있다면 모두 같이 사랑해.

외갓집

뻐꾹새 우는 산골 앵두가 곱게 익고
앞 마당 보리타작 유월 볕 따거운데
외삼촌
도리깨 질에
감자떡이 익는다

외갓집 울타리에 대추알 탐스럽고
용수꼴 아낙네들 제누리 차려오네
가물치
매운탕 쪽박
밀주맛에 흥나네

뜸북새 노을빛에 논두렁 콩이 크고
두벌 맨 논빼미에 미꾸리 지천일쎄
순이가
망태에 담네
늦 새참에 땀나네

송아지 엄마찾는 황토 골 저녁 연기
소몰고 쇠꼴지개 독구 가 멍멍 짖네
한적한
내 고향 산천
외갓집이 그리워.

벚꽃

(낙화유수)

그 옛날 낙화암에 삼천궁녀 한 서린 꽃
벚꽃 잎 봄비 젖어 벼랑 끝에 내려 앉네
다 같은
꽃잎 이런가
떨어지네 끝없이

이 강산 낙화유수 흘러가는 물결 따라
무수히 떨어지는 벚꽃 잎도 슬퍼할까
세상에
살아 있음을
인간들만 아는가.

목련

(보고픔)

그리워 홀로 우는 어여쁜 홍련화야
님그린 보고픔에 백구도 애닲어라
흐르는 바람따라서 같이 가면 뵈울까

이제는 가리로다 우리 님 계신 곳을
자목련 예쁜 향기 백구야 앞서거라
흐르는 구름따라서 같이 가면 만날까

어제밤 내린 봄비 그 님의 눈물인가
못다한 사랑 속에 꽃잎은 떨어지네
멍든꽃 저혼자가네 홍목련아 슬픈 꽃.

꽃 중년

태산이
높다하여
명산은 아니더라
괴암과 폭포수는 인간에
휴식처니
태초에 창조주께서 서로같이
살라네

가려서 볼줄알고
새겨서 들어주네
지혜의 연륜으로 손아래
보살피니
세상에 모든 일들이 아름답게 꽃피네

성숙한 그 자체는 자신을
낮춤이지
채움을 더디하고 비움을
사랑하라
스스로 넓은 마음은 그 가슴에

꽃사네

새벽달 안개 속에 고요히 흘러가네
서글픈 인생살이 그 끝이 어드메뇨
어차피 모두가가네 아름답게 사랑해.

슬픈 사랑 10

꽃일 때
하늘아래
예쁜 별 솟아나고
지는 꽃 희나리삶 눈물에
가는구나
철부지 웃으려할 때
모든 것이 가누나

한밤중 별 바람에
목련이 내 맘이네 볼우물
고인사랑 저 달은 알고있지
싸리문 버팀목풀고
기다리는
이마음

붉은 꽃 그 사연은 못다한
애정인데
하얀 꽃 슬픔 속에
가버린 내 순정아 한세상 짧은 인생아
모든 것은 가는가

보고픈 내 사랑아 오늘은 오실꺼야
호수에 달빛누리 수련이
미소짓고
내 사랑 오시는구나 버선발로
반겼네

밤하늘 별빛 속에 흰박꽃
잠에 들고
달빛에 구름 자네
내품에 그 님 자네
이 밤아 가지말아라 우리 님이 못가게

흐르는 강물 위에 내 마음 띄워볼까
못잡는 세월일랑 벽장이 넣어두고
품어라 닭이 운단다 별도 달도 웃는다.

그리운 마음

이 세상
사노라면
여러 일 있겠어도
보고픔 이것만큼 더 큰일
없을 지고
예쁜 별 아름다운 달 그리움만 못하네

계절이 흐를 때면
그대가 그리웁고 꽃잎이 피어 나면
그대가 보고 싶고
인생길 그리움 보다 더 큰일은
없느니

떠나면 보고 퍼라 한없이
그리 읍고
만나면 말없어도
보내기 싫은 마음
조물주
신의 사랑은 이상하고 야릇해

누군가 이 몸 위해 좋은 맘 품었다면
나 또한 그 사랑을 주위에 베플 지니
모두가 어여쁜 마음 그 사랑이 그리워.

찔레꽃

황솔 꽃 송화가루 노란 바람 황토길에
뻐꾹새 우는 산골 섣보리가 익어가고
하얀 꽃
찔레꽃 따라
고사리가 파랗네

옹달샘 맑은 물에 산비둘기 님 부르고
산까치 바위 숲에 원추리 꽃 예쁘구나
엄나무
서낭당 옆에
가시덤불 찔레 꽃

산딸기 꽃이 피면 오신다던 우리님은
찔레꽃 하얀 향기 그 순정을 잊었는가
약속한
뭉개 구름이
님 얼굴만 그리네

고향길 언덕 위에 새 하얀꽃 찔레꽃은
오늘도 남쪽 하늘 님 가신 길 바라보네
행여나
쉬어 오시나
눈물고인 찔레꽃.

수취인 없는 편지

시월엔
편지를 쓰겠어요
단풍잎에
열두색깔 오로라 은하수
달빛너머
샛별이 눈물 흘리네 시월가슴 타는 맘

계수나무 하현달 샛별을 안아주네
옥토끼 슬픈 눈빛 가여운 남매 샛별
별 내님
안드로메다
내 사랑아 금성아

북두칠성 엿지기는 북극성 큰별 오빠
귀뚜리 슬픈 노래 샛별 눈물 닦아수네
그리워 보고 싶어서 단풍편지 보낸다

바람에 흐른 세월 누구를 원망하랴
때 되면 오시겠지 답장은 없더라도
샛별아
하얀 소복에
흰머리결 곱구나.

나리꽃 당신

두견새 우는 마을 서낭당 고목 아래
누구를 기다리나 흐느끼는 당신 꽃
눈물꽃
이슬에 젖네
애처러운 나리꽃

두견화 피는 마을 서낭당 고개 옆에
가신 님 기다리나 애닯어라 슬픈 꽃
오실 님
독수공방에
눈물 젖는 나리꽃.

메밀꽃 당신

외로워 그리워서 달 속에 숨었는가
못다한 사연 속에 눈물만 흘렸구나
내 순정
메밀꽃 당신
솔바람에 날리네

어스름 달그림자 소쩍새 슬피 우네
맺은 정 잊지못해 별속에 숨었구나
사랑해
보고픈 님아
메밀꽃은 피는데

서러워 울지마오 내사랑 예쁜 당신
그대의 슬픈 사연 모두가 내 탓이오
웃어요
하얀 메밀꽃
내 사랑꽃 당신 꽃.

연화

휘엉청

밝은 달빛
월하에 웃는 모습

능금꽃

붉은 꽃술
윤슬에 아름다워

고결한

우아한 자태
연꽃만큼 할까나.

진리

간다고 우지마라 온다고 기뻐마라
모든건 이 세상에 구름과 같은 것을
섭리란 인간의 우상 낙엽과도 같은 것

세상에 모든 것은 다같다 할지라도
내 부모 모시는 것 삶 속에 인간 도리
진리란 인간가슴 속 마음 안에 있는 것

괴롭고 힘들어도 겉으로는 웃고 있지
자기를 희생하여 예쁜 후손 빚는 마음
가여워 생존의 슬픔 우주이치 이런가

예쁜 꽃 그 실체도 모름지기 종족보존
사계에 맞춰사는 생태계 의 생물본성
인간도 지구상에서 하나의 미물이지

어차피 가는 인생 한번밖에 없는 세상
부모님 잘 모시고 인심좋은 인간이면
진리의 아름다운 뜻 꽃밭 속에 산다네.

사나이 약속

(머슴아 눈물)

사나이 우는 마음 하늘은 알고 있네
달빛에 맺은 약속 별님은 알고 있지
사랑을
위해서라면
너 하나만 내 사랑

사나이 우는 슬픔 하늘이 우는 마음
한 세상 너를 위해 영원히 같이 가리
대장부
살아 생전에
내가 할일 이것뿐

남아로 태어나서 멋지게 살아야지
내 사랑 꽃정주고 내 자녀 안아주고
내 주위
슬픈 사람들
꽃 보듯이 대하리

남아의 말 한마디 용광로 쇳물일쎄
가성을 품어안고 사회 에 꽃이 되니
대장부
이 한목숨아
나라위해 바치리.

여우비

싱그런 꽃잎
여우비 사랑 속에
호랑이 웃네.

우주이치

(하루)

산마루 떠오른 해 구름에 가리웠네
빛물에 젖은 들엔 오곡이 무르익고
이 모두 주어진 삶은 신의 섭리이리라

지평선 서쪽하늘 노을이 아름다워
밤이슬 달무리에 개구리 사랑노래
자연에 우주 이치는 신비하고 야릇해.

월하관매

별빛도 너무 고와 꽃잎 옆에
앉아 웃네
달빛윤슬 매화 꽃술 환하게 열어 주고
홍매화 꽃샘 방에는 웃음꽃이 피었네

어여뻐라 들꽃 향수
술잔에 휘감기고
올리브 머리 향기 예쁜 실눈
귀여워라
부어라 술잔이 작다 홍매화야 월매야

홍곡주를 따르는 손
설래면서 감미로워
틀어 올린
삼단머리 은비녀야
내 사랑아
정 곱게 흘킨 눈 속에 내 영혼이 묻힌다.

지월견매

뚜아리튼 삼단 머리 은비녀가 반짝이고
미색곡주 따르는 손 경국지색 매화 꽃술
달 선달
향매 꽃방에
사랑 품고 잠드네.

슬픈 홍매화

가는 것이 서럽다드냐
달빛 아래 눈 속에서 슬퍼우는
매화야
술잔을 들고 회환에 젖어 우는
내 모습에
네가 웃는구나

너도 가자
달빛 너머 너도 가니
나 또한 어김없이 흘러서 가겠지 가겠지만

별빛 타고 구름에 묻혀 낙엽 끝에 모두가
사라져 가는구나

하염없이 연기가 되어서 깨끗하게 없어져 간다.

눈물꽃 매화

별빛도
너무고와 월하에 예쁜 모습
경지에 붉은 입술 고고한 너의 자태
눈감고 하늘을 난다 바람따라 떠돈다

휘엉청 밝은 달빛
내 목을 감은 머리 내 품에
안겨드네
꿈꾸듯 스며드네
사랑꽃 홍매화 순정 빛나거라 샛별아

봄바람에 홍목련이 예쁜 눈
뜨는구나
어여쁜 홍매화 는
참꽃 피면
떠나가네
애초에 보내놓고 서 왜 미느냐 세월아

하늘빛 푸르름도 새 하얀 눈 설경도
붉은 꽃 무아지경 바람에 날린 꽃술
모두가
한때 였었네
가도 가도 또 가도

저승길 다리 건너 이승을 떠날 적에
잘나도 청춘이요 못나도 꽃길 인걸
마지막 정열을 바쳐 아낌없이 주련다

기꺼이 모두 주련다.

연서 1

하얀 꽃
아카시아 꽃
내사랑 알게 한 꽃

어디서
울고 있니

보고싶은 내 머슴아

아직도
궁금한 마음

꽃이였니 나였니.

연서 2

복사꽃
따라 우네

하현달 꽃 바람 향

서글픈
아카시 꽃

그 향기 안고 우네

무덤가
하얀 꽃 피면

나 본 듯이 안아 주.

연서 3

예쁜 꽃
아카시 꽃

그 향기 파란 마음

눈물 꽃
첫사랑 꽃

흰소창 그 소녀 꽃

그리워
하늘을 본다

세월따라 간 여인.

연서 4

이화 꽃

내 사랑아
그리워 보고 파라

월매가

곱다 해도
돌배꽃만 하오리까

나 몰래

가버린 내 꽃
내 여인아 이화야.

연서 5

도봉천

여울 가에
나리 꽃 귀여워라

고고한

너의 자태
붉은 볼이 고와도

달빛에

안긴 사랑 꽃
찔래꽃만 하리오.

연서 6

슬픈 꽃

흰나비 꽃
내 가슴에 피어 운 꽃

좋아서

안았으면
울리지는 말았을 걸

그리워

하늘을 보네
아카시아 꽃 내 사랑.

연서 7

조각달

별빛 여울
은하수에 흐르고

백옥생

향기 속에
아카시 꽃 눈물 꽃

그리워

못잊어 우네
내 사랑 아 순희야.

연서 8

영롱한
이슬 방울

가신 님 눈물인가

메밀 꽃
은빛 여울

목메인 저 여인아

그믐달
새벽 별 따라

풍경 소리 서러워.

연서 9

이화 꽃

향기 따라
날려온 연서 한장

반가운

님 소식에
꽃순희 눈물 짓네

하얀 꽃

국화가 울면
내가 온줄 알라네.

연서 10

이 몸이

떠나거든
미소로 손짓하면

가슴에
쌓인 미움

강물에 띄우세요

어차피

흐른다 해도
당신만은 못잊어.

연서 11

옥양목
남색 치마

흰 소창 옷고름에

꽃 비녀
달빛 아래

찔래꽃 서러워라

부엉이
구슬피 울면

나 우는 줄 아소서.

연서 12

하얀 꽃

별빛 따라
저 멀리 사라지면

보고파 흐른 눈물
바람 결에

닦아요

무덤가

찔래꽃 피면
나 본 듯이 안아 주

연서 13

삭풍에

떨어진 잎
별빛도 서러워라

그리운

내 사랑은
달빛에 아롱지네

찢어진

문풍지 따라
울어야만 합니까.

연서 14

(백일홍)

꽃 백일
서러워라

예쁜 잎 꽃 한송이

하늘도
내 맘 인양

설운 꽃 안아 주네

차라리
피지나 말지

구슬픈 꽃 백일홍.

연서 15

삼경에

비친 달은
누굴 위해 웃는지

보고픔

그리움에
독수공방 우는 맘

서글픈

인생 여정아
갈테면은 혼자 가.

연서 16

(짝사랑)

애 타는

여린 가슴
볼 우물 이슬 눈빛

당신이라

할까요
님이라 부를래요

하현달

조가 산간에
가여운 꽃 흰 박꽃.

작품 해설

자연을 통해 세상을 내다보는 아름다운 사랑의 음률

엄 원 지 (시인/ 문학박사)

시인 허기원을 직접 만나보면 순박하기 이를 데 없는 작가임을 알게 된다.

평소 생각 자체가 순수해서인지 그와 대화를 해 보면 말의 핵심과 사고(思考)가 맑다.

속이 깊은 듯 하면서도 소년같이 동심을 가진 듯한 그의 행동은 역시 시에서도 스스럼없이 나타나고 있다.

60세 중반을 넘은 이 시인은 힘들게 직장 생활을 하면서, 도심 속 온갖 잡다한 환경 안에 살아가면서도 틈나는 대로 자연을 노래하고 특히 꽃을 바라보며 세상에 대해 끊임없이 사랑과 그리움 그리고 미래에 대한 희망으로 시를 지으니 그 열정은 우리들이 본받을 만한 일이라고 아니할 수 없다.

시인의 마음은 중요하다.

시인이 무엇을 생각하고 있는가에 따라서 그의 시는 색깔과 모습이 정해진다.

시인의 평소 생각하고 지향하는 이상은 시를 통해 나타나며, 그 시는 시인의 삶을 이끌어가는 이정표가 되기도 한다.

또한 때로는 그의 시가 세상으로 뻗어나가 읽는 이의 가슴을 감동시켜 오염된 세상을 정화시키기도 한다.

꽃은 여성적인 이미지를 표출하면서도 실은 그 내면에는 대자연의 섭리를 안고 끊임없이 순환하는 진리를 품은 웅대한 남성적인 진실을 안고 있다.

이번 첫 시집에 실린 허기원 시인의 대부분 시와 현대시조들은 세상을 대상으로 한 꽃의 이미지를 문학화시킨 아름다운 내용으로 가득 채워져 있다.

이만큼 꽃으로 비유하여 사람에 대한 사랑과 진실 그리고 희망을 노래한 시조 시인이 국내에 얼마나 있을까 싶을 만큼 그의 작품들은 한결같이 꽃을 노래한다.

여기에서 짚고 넘어갈 것은 요즘 통칭 말하고 분류하는 '현대시조'는 옛 시조의 음률과 시조류(流)를 이어받아 현대에 맞는 흐름으로 짓고는 있지만 사실은 모두가 '시(詩)'로써 읽고 읊으면 된다.

시조 시인이나 시인이나 같은 개념으로 생각하면 되나, 그냥 시인으로 부르는 것이 현명할 듯 하다.

'시'라는 문학 안에서 '시조'라는 장르가 있기 때문이다.

꽃밭 속에서
당신이 웃는다
나
다소곳하게 여기 있어요

예쁘지도 않아요
아름다운 장미꽃도
아니예요
가시돋은 들풀 엉겅퀴

내 마음은
당신을 향한 마음은
변함이 없어요
당신은 내 전부이니까

운무 속으로
이슬비가 오네요
외로운 그대를
아름다운 당신을

못잊어 웁니다
짙은 보랏빛 순정을
모두 드릴께요
난
당신을 영원히 사랑하니까요.

– 시 '내 사랑 당신' 전문 –

위 시에서도 나타나듯이 꽃을 사랑하는 시인의 마음은 사랑하는 사람과 비유하면서 꽃의 아름다운 풍경같이 동경하는 사람에 대해서 순수한 심정을 고백하고 있다.

평범한 듯한 시이지만 이 시 속에는 지고한 사랑과 진실이 가득 배여있는 작품이다.

가을이 오면
그대에게 편지를 쓰겠어요

코스모스 꽃 빨간 바람에
보고파 우는 연민
당신은 아시나요

책임못질 사랑은 왜
해놓고
좋아서 꺽었으면
버리지는 말아야지

가을꽃 눈물사연을 쓰겠어요

그래도 못잊어서
키스로 봉한 편지.

– 시 '가을꽃' 전문 –

가을은 유별나게도 그리운 몸살을 앓게 하는 계절이다.

지나간 날들이 주마등처럼 떠오르는 어느 날, 시인의 눈에 비친 코스모스 꽃이 슬픈 기억을 되살리는 이미지로 부각된 작품이다.

코스모스 꽃길을 가다보면 예쁜 그 자태에 현혹돼 꽃을 꺽곤 하는데, 곧 시들어버리는 꽃을 버리기 십상인 모습을 가슴아픈 사랑에 비유한 것으로 서정직인 감성이 돋보이는 작품이라고 하겠다.

'~그래도 못잊어서 / 키스로 봉한 편지~'라고 마지막 연을 마무리한 것은 어떤 긴 여운을 남기는 메시지로 한번쯤은 겪었던 우리 청춘시절의 애틋한 연애 추억을 되살리게 한다.

그 분은 항상
웃음만 있었습니다

그 분은 항상
주머니에 돈만 있었습니다

그 분은 항상
외로웠습니다

그 분은 언제나
몰래 웃어도 눈물이 많았습니다

그 분은 세상살이가
힘만 들었습니다

그 분은 지금 여기에 안계십니다
그 분은 우리 아버지였습니다.

– 시 ‘아버지’ 전문 –

이 시에서는 돌아가신 아버지에 대한 회상을 읊고 있는데, 가족을 이끌기 위해서 오직 돈을 벌기위해 일만 하다 세상을 떠난 아버지에 대한 그리움을 이야기 하고 있다.

가장으로서 가족들에게 웃음을 보였지만 속으로는 울어야했던 우리 보릿고개 시절의 아버지에 대한 안스러움을 표현하고 있는 아름다운 시이다.

빼꾹새 정다운 곳 황토골 과수원에
숙이가 따다주던 청포도 송이사랑
첫사랑 우물가 쪽박 샘물 위에 포도잎

다람쥐 꿈을 꾸고 산비둘기 사랑 찾네
송아지 엄마 찾네 참깨꽃이 익는 소리
청포도
송이 송이가 숙이 얼굴 닮았네

촉촉한
여우비에 익모초잎 짙푸르다
꽃밭에 봉숭아꽃
나를 보고 활짝 웃네
숙이야 약속했잖아 나만 좋아한다고

울타리 산머루가
진보랏빛 나를 보네
아주까리 빨간 입술 얼룩무늬 알 품고
청포도 보고픈 숙아
그어데서 우는가

구름에 숙이 얼굴 아련히 그려 보네
청포도 내 사랑은 포도빛 파란마음
그리운 청포도 사랑 첫사랑아 내 숙아.

－현대 시조 '청포도 사랑' 전문－

이 작품은 옛 정형 시조의 음률인 3. 4조, 4. 4조를 사용해 그 률이 막히질 않고 잘 지어진 현대 시조이다.

옛 연인에 대한 감정이 청포도를 바라보면서 언제인가 ~ 숙이가 따다주던 청포도 송이 사랑~ 으로 몹시도 그리워지는 것이다.

현대 시조의 맥은 음률이 딱히 정해져 있지는 않지만 연과 연이 잘 이어져야 하고, 행의 이음새가 상기(上記)하듯이 기본적 정형 음률을 잘 타야 하는 것인데, 이 작품은 시인 허기원의 시조에 대한 오랜 숙련적인 공부가 제대로 잘 되고 있음을 말해주는 시조시인으로서의 전문 능력을 잘 말해주고 있는 표본이다.

별빛도 너무 고와 꽃잎 옆에
앉아 웃네
달빛윤슬 매화 꽃술 환하게 열어주고
홍매화 꽃샘 방에는 웃음꽃이 피었네

어여뻐라 들꽃 향수
술잔에 휘감기고
올리브 머리 향기 예쁜 실눈
귀여워라
부어라 술잔이 작다 홍매화야 월매야

홍곡주를 따르는 손
설래면서 감미로워
틀어 올린
삼단머리 은비녀야
내 사랑아
정 곱게 흘킨 눈 속에 내 영혼이 묻힌다.

– 현대 시조 '월하관매' 전문 –

한마디로 나무랄데 없는 현대시조이다.

잘 지어진 시가 주목받는 가장 주된 이유는 선별된 '시어(詩語)'가 들어있기 때문인데, 1연의 '달빛윤슬, 매화꽃술'~, 2연의 '들꽃향수, 올리브 머리향기'~, 3연의 '홍곡주, 삼단머리 은비녀'가 독특한 시어이며, 마지막 3연 마지막 행을 '정 곱게 홀킨 눈 속에 내 영혼이 묻힌다'라고 표현한 것이 아주 잘되었다고 보겠다.

달빛 흐르는 밤에 핀 매화를 보면서 붉게 핀 매화 속에 술보다 더 진한 취기를 느끼는 시인의 심정이 읽는 이로 하여금 저절로 감흥을 일게 하는 우수작이다.

시조와 시의 경계는 분명히 있지만 전기(前記)했듯이 시조라는 개념은 이미 시의 영역이다.

이러한 의미에서 허기원 시인의 작품은 앞으로 시인으로서의 대성할 수 있는 면모를 이번 첫 작품집에서 엿볼 수가 있다.

허기원 시인의 순박한 시심처럼, 꽃을 사랑하는 고운 마음처럼 그의 시조와 시도 서정적이며, 순수한 이미지를 갖으며 발전해 가리라고 낙관한다.